Librairie de L. HACHETTE ET Cie, boulevard Saint-Germain, n° 77,
à Paris.

ALPHABET

DES

SALLES D'ASILE

— 20 tableaux —

A-E-I-O-U-Y

AU EU OU

IE UE AN

IN ON UN

Librairie de L. HACHETTE et Cie, boulevard Saint-Germain, n° 77, à Paris.

Paris. — Impr. de Ch. Lahure et Cie.

IA IE IO

OI IEU IAN

IEN ION

OIN OUI

UI UIN

Librairie de L. HACHETTE et Cⁱᵉ, boulevard Saint-Germain, nᵒ 77, à Paris.

Paris. — Impr. de Ch. Lahure et Cⁱᵉ.

BA CA DA
BE CE DE
BI CI DI
BO CO DO
BU CU DU

Librairie de L. HACHETTE et Cⁱᵉ, boulevard Saint-Germain, nº 77, à Paris.

Paris. — Impr. de Ch. Lahure et Cⁱᵉ.

FA GA JA

FE GE HE

FI GI JI

FO GO HO

FU GU JU

Librairie de L. HACHETTE et Cⁱᵉ, boulevard Saint-Germain, n° 77, à Paris.

Paris. — Impr. de Ch. Lahure et Cⁱᵉ.

ALPHABET DES SALLES D'ASILE. — 5E TABLEAU.

KA LA MA

KE LE ME

KI LI MI

KO LO MO

KU LU MU

Librairie de L. HACHETTE et Cie, boulevard Saint-Germain, n° 77, à Paris.

Paris. — Impr. de Ch. Lahure et Cie.

ALPHABET DES SALLES D'ASILE. — 6E TABLEAU.

A PA QUA

NE PE QUE

NI PI QUI

NO PO QUO

NU PU QU

Librairie de L. HACHETTE et Cie, boulevard Saint-Germain, n° 77, à Paris.

Paris. — Impr. de Ch. Lahure et Cie.

ALPHABET DES SALLES D'ASILE. — 7e TABLEAU.

RA SA TA

RE SE TE

RI SI TI

RO SO TO

RU SU TU

Librairie de L. HACHETTE et Cie, boulevard Saint-Germain, n° 77, à Paris. Paris. — Impr. de Ch. Lahure et Cie.

VA XA ZA

VE XE ZE

VI XI ZI

VO XO ZO

VU XU ZU

Librairie de L. HACHETTE et Cⁱᵉ, boulevard Saint-Germain, n° 77, à Paris.

Paris. — Impr. de Ch. Lahure et Cⁱᵉ.

BLA BRA

BLE BRE

BLI BRI

BLO BRO

BLU BRU

Librairie de L. HACHETTE et Cⁱᵉ, boulevard Saint-Germain, nº 77, à Paris.

Paris. — Impr. de Ch. Lahure et Cⁱᵉ.

ALPHABET DES SALLES D'ASILE. — 10E TABLEAU.

CHA	CLA
CHE	CLE
CHI	CLI
CHO	CLO
CHU	CLU

Librairie de L. HACHETTE et Cie, boulevard Saint-Germain, n° 77, à Paris.

Paris. — Impr. de Ch. Lahure et Cie.

ALPHABET DES SALLES D'ASILE. — IIe TABLEAU.

CRA DRA

CRE DRE

CRI DRI

CRO DRO

CRU DRU

Librairie de L. HACHETTE et Cie, boulevard Saint-Germain, n° 77, à Paris.

Paris. — Impr. de Ch. Lahure et C

FLA FRA

FLE FRE

FLI FRI

FLO FRO

FLU FRU

Librairie de L. HACHETTE et Cⁱᵉ, boulevard Saint-Germain, nᵒ 77, à Paris.

Paris. — Impr. de Ch. Lahure et Cⁱᵉ.

ALPHABET DES SALLES D'ASILE. — 13E TABLEAU.

GLA GNA

GLE GNE

GLI GNI

GLO GNO

GLU GNU

Librairie de L. HACHETTE et Cie, boulevard Saint-Germain, n° 77, à Paris. Paris. — Impr. de Ch. Lahure et Cie.

ALPHABET DES SALLES D'ASILE. — 14e TABLEAU.

GRA PHA

GRE PHE

GRI PHI

GRO PHO

GRU PHU

Librairie de L. HACHETTE et Cie, boulevard Saint-Germain, n° 77, à Paris.

Paris. — Impr. de Ch. Lahure et Cie.

ALPHABET DES SALLES D'ASILE. — 15[E] TABLEAU.

PLA PRA

PLE PRE

PLI PRI

PLO PRO

PLU PRU

Librairie de L. HACHETTE et Cie, boulevard Saint-Germain, n° 77, à Paris.

Paris. — Impr. de Ch. Lahure et C

ALPHABET DES SALLES D'ASILE. — 16ᴱ TABLEAU.

TRA VRA

TRE VRE

TRI VRI

TRO VRO

TRU VRU

Librairie de L. HACHETTE et Cie, boulevard Saint-Germain, n° 77, à Paris.

Paris. — Impr. de Ch. Lahure et Cie.

PA-PA

MA-MAN

GA-MIN

POU-PÉE

JOU-JOU

Librairie de L. HACHETTE et Cⁱᵉ, boulevard Saint-Germain, nᵒ 77, à Paris.

Paris. — Impr. de Ch. Lahure et Cⁱᵉ.

BON-BON

PAN-TIN

JAR-DIN

GÂ-TEAU

VOI-TU-RE

Librairie de L. HACHETTE et Cⁱᵉ, boulevard Saint-Germain, nᵒ 77, à Paris.

Paris. — Impr. de Ch. Lahure et Cⁱᵉ.

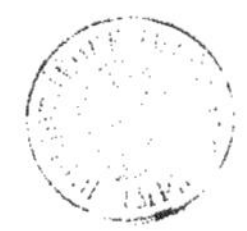

1 2 3

4 5

6 7 8

9 0

Librairie de L. HACHETTE et Cⁱᵉ, boulevard Saint-Germain, nᵒ 77, à Paris.

Paris. — Impr. de Ch. Lahure et Cⁱᵉ

13   16   19

25   32   46

54   63   72

78   87   90

94   99   100

Librairie de L. HACHETTE et Cⁱᵉ, boulevard Saint-Germain, nº 77, à Paris.

Paris. — Impr. de Ch. Lahure et Cⁱᵉ.

www.ingramcontent.com/pod-product-compliance
Ingram Content Group UK Ltd.
Pitfield, Milton Keynes, MK11 3LW, UK
UKHW021146140726
13695UKWH00005B/1965